벤자만의 비밀

글 ● 에밀 즈누브리에 Emile Genouvrier
그림 ● 이리나 하즈코바 Jiřina Hájková

벤자만은 건강한 남자아이입니다.
인형놀이, 집짓기놀이……,
여러 가지 장난감을 갖고 노는 것을
아주 좋아합니다.
하지만 무엇보다도 제일 좋아하는 것은
장난감 배, '꿈의 탐험호'입니다.
하얀 돛 위에 작고 빨간 깃발이 달려 있는
아주 멋진 배입니다.

어느 날, 벤자만은 배를 가지고
커다란 연못이 있는 공원에 갔습니다.
"자, 꿈의 탐험호 출범이다!
큰 파도, 작은 파도를 넘어 앞으로 전진!"

시간 가는 줄 모르고
정신없이 놀았습니다.
"어, 다들 집에 가니?
나는 조금 더 놀다 갈게."

6

"그럼, 안녕, 벤자만."
"내일 날씨가 좋으면 다시 만나자."
친구들은 다들 집으로 돌아갔습니다.

벤자만은 친구들이 돌아간 뒤에도
몇 번이나 더 배를 띄우며 연못 주위를 돌았습니다.
얼마를 놀다 보니, 어느 새 해가 지고 밤하늘에는
별님이 반짝반짝 빛나고 있었습니다.
"안 돼, 얼른 집에 돌아가야지."
그런데 공원의 출입문이 꽉 잠겨서
나갈 수가 없지 뭐예요.

9

어둠 속에 덩그러니
혼자 남은 벤자만은
공원 의자에 앉아서
울기 시작했습니다.

그러자, 공원 의자 뒤의 수풀 속에서
누군가 말을 걸어 왔습니다.
"왜 그렇게 울고 있니?"
"음, 밤인데 집에 돌아갈 수가 없잖아.
게다가 난 지금 혼자이고……."
"이젠 혼자가 아니야. 내가 있잖아."

벤자만이 뒤를 돌아보자, 그 곳에는
큰 고양이 한 마리가 서 있었습니다.
"자, 그만 울고, 나랑 놀자.
오늘 밤은 재미있는 일이 많이 있단다."

이상하고 큰 고양이는 공원의 구석에 있는
극장으로 벤자만을 데리고 갔습니다.
따르르릉……하고 종이 울리고,
인형극이 시작되었습니다.
"참, 재미있다, 재미있어 !"
다른 손님들은 모두가 고양이입니다.

인형극이 끝나고 앞으로 나오니까,
이번에는 요란한 큰북 소리가 들려왔습니다.
"자, 누구든지 보러 오세요.
유쾌하고 재미있는 고양이 서커스입니다!"
큰북을 두드리며 손님들을 부르고 있는 것은
빨간 삼각모자를 쓴 피에로 고양이.
쿵작작, 쿵작작……, 명랑한 왈츠 음악도 들립니다.
"와, 빨리 빨리 가 보자!"

공원의 한복판에 쳐진 천막 안에서
고양이 서커스가 시작되었습니다.
밝은 불빛을 받으며 물구나무서기,
자전거타기, 원반던지기, 그리고 춤추기…….
차례로 재미있는 놀이들이 계속됩니다.
"잘한다, 잘한다. 힘을 내라!"
고양이 손님들은 아주 즐거워합니다.
벤자만도 힘차게 박수를 쳤습니다.
심장이 두근두근 할 정도로 말입니다.

"어흥 ! "
갑자기 무대 한가운데에 큰 곰이 나타났습니다.

그러자 왈츠 음악은 멈추었고,
고양이들은 한 마리도 남김없이 도망치고
말았습니다.
곰은 벤자만에게 덤벼들었습니다.
벤자만은 도망가려고 발버둥쳤지만
발이 떨어지지 않았습니다.
"엄마, 도와 주세요!"

"어, 꼬마야, 이런 곳에서 왜 그러고 있니 ?"
벤자만은 눈을 번쩍 떴습니다.
벤자만은 자기도 모르는 사이에
공원 의자에서 잠이 든 것입니다.
벤자만을 깨운 사람은 바로 공원 순찰 아저씨였습니다.
그리고 공원 의자 아래에는 고양이가 한 마리……

아저씨가 공원 문을 열어 주자,
벤자만은 마구 뛰어 집으로 돌아갔습니다.
“아빠, 엄마, 지금 돌아왔어요! 늦어서 미안해요.”
“어, 벤자만, 어디에 갔었니?”
“얼마나 걱정을 했는데.”

공원에서 따라온 고양이는
그 날부터 벤자만의 집에서 살게 되었습니다.
그처럼 재미있었던 밤의 일들은
벤자만과 고양이만의 비밀…….
"언제 다시 한 번, 꿈의 탐험을 하자, 응!"

WORLD PICTURE BOOK

벤자만의 비밀

어린이 여러분께

　집에 돌아가는 것도 잊을 정도로, 노는데 열중해 부모님을 걱정시켜 드리는 일이 누구든지 있으리라 생각합니다. 밤늦게까지 집에 돌아가지 않는 것은 확실히 좋은 일이 되지 못하지만 이 그림 동화에서는 어린이들을 놀게 하고 싶었습니다. 그러한 경험이 어린이들의 풍부한 상상력을 길러 주리라 생각했기 때문입니다.

글 ● 에밀 즈누브리에 (Emile Genouvrier)
■ 1939년 프랑스에서 태어나다.
■ 쯔루 대학 교수이며 문학박사이다.
■ 저서에 「이미직 (imagic)」 등이 있다.

그림 ● 이리나 하즈코바 (Jiřina Hájková)
■ 1946년 체코슬로바키아에서 태어나다.
■ 프라하 응용 미술 학교에서 배우다.
■ 현재 캐나다에서 그림 동화작가로서 많은 활동을 하다.

World Picture Book ⓒ1985 Gakken Co., Ltd. Tokyo.
Korean edition published by Jung-ang Educational Foundation Ltd. by arrangement through Shin Won Literary Agency Co. Seoul, Korea.

■ 발행인 / 장평순　■ 편집장 / 노동훈
■ 편집 / 박두이, 김옥경, 이향숙, 박선주, 양회숙, 김수열, 강혜숙
■ 제작 / 문상화, 장승철, 이상헌
■ 발행처 / 중앙교육연구원(주) (서울시 종로구 관철동 258번지)
　　대표전화 : 563-9090, 등록번호 : 제2-178호
■ 인쇄처 / 갑우문화(주) 경기도 파주시 교하면 문발리 469번지 (문발공단)
■ 제본 / 태성제책(주) (서울특별시 구로구 가리봉동 505-13)
■ 1판 1쇄 발행일 / 1988년 12월 30일, 1판 24쇄 발행일 / 1998년 11월 30일
■ ISBN 89-21-40252-7, ISBN 89-21-00003-8(세트)